AF188094

Impressum
Verlag: BABADADA GmbH, Nedderfeld 112 , 22529 Hamburg
Geschäftsführer / Verlagsleitung: Harald Hof
Druck: Books on Demand GmbH, In de Tarpen 42, 22848 Norderstedt

Imprint
Publisher: BABADADA GmbH, Nedderfeld 112 , 22529 Hamburg, Germany
Managing Director / Publishing direction: Harald Hof
Print: Books on Demand GmbH, In de Tarpen 42, 22848 Norderstedt, Germany

school
学校

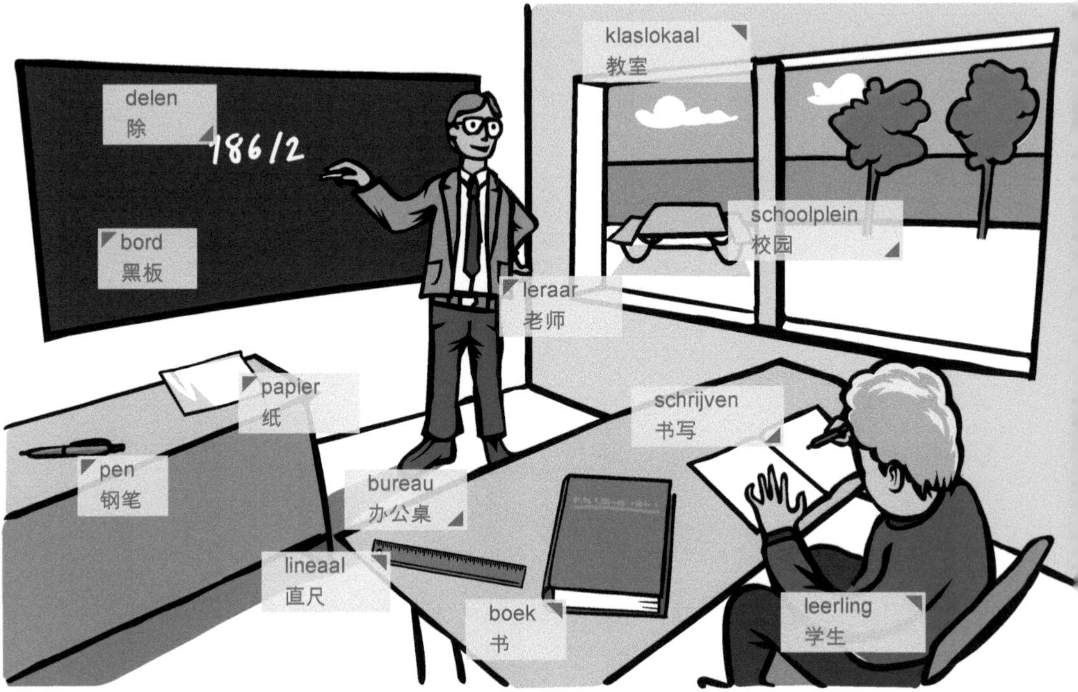
klaslokaal
教室
delen
除
186/2
bord
黑板
schoolplein
校园
leraar
老师
papier
纸
schrijven
书写
pen
钢笔
bureau
办公桌
lineaal
直尺
boek
书
leerling
学生

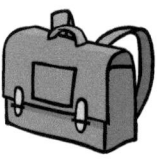

schooltas
书包

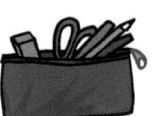

etui
铅笔盒

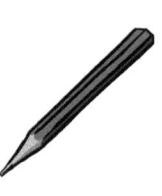

potlood
铅笔

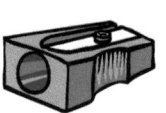

puntenslijper
卷笔刀

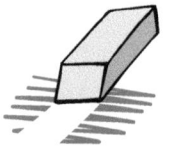

gum
橡皮擦

schetsblok
画板

tekening
图画

penseel
画笔

verfdoos
颜料盒

schaar
剪刀

lijm
胶水

schrift
练习册

huiswerk
家庭作业

12

getal
数字

2+2

optellen
加

5-2

aftrekken
减

2×2

vermenigvuldigen
乘

rekenen
计算

A

letter
字母

ABCDEFG
HIJKLMN
OPQRSTU
VWXYZ

alfabet
字母表

hello

woord
字

tekst

课文

lezen

读

krijt

粉笔

les

上课

klassenboek

登记

examen

考试

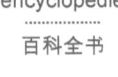
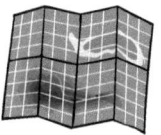

diploma

证书

schooluniform

校服

opleiding

教育

encyclopedie

百科全书

universiteit

大学

microscoop

显微镜

kaart

地图

prullenmand

废纸筐

reis
旅行

Grand
ROOMS
hotel
酒店
hostel
青年旅社
wisselkantoor
外币兑换处
koffer
手提箱
auto
汽车

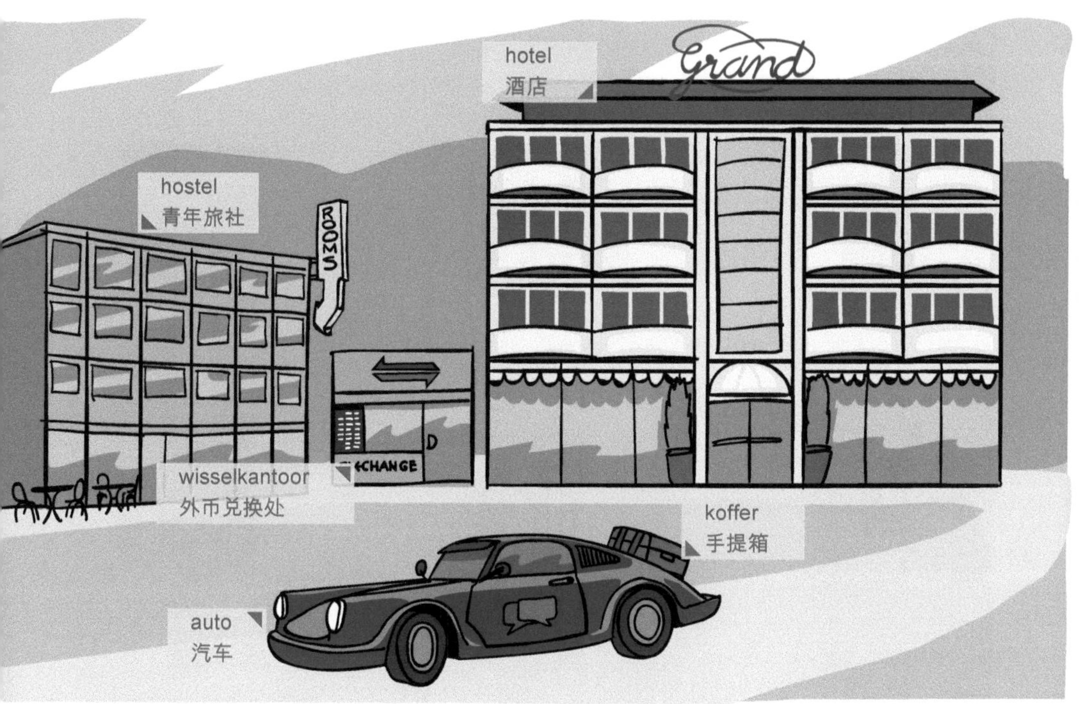

taal

语言

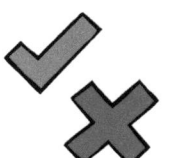

ja / nee

是/否

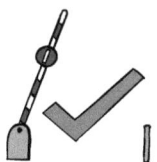

oké

好的

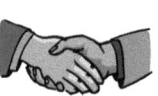

Hallo!

您好

tolk

翻译员

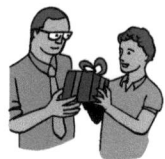

Bedankt.

谢谢

Wat kost ...?

......多少钱？

Ik begrijp het niet.

我不明白

probleem

问题

Goedenavond!

晚上好！

Goedemorgen!

早上好！

Goedenacht!

晚安！

Tot ziens!

再见

richting

方向

bagage

行李

tas

包

rugzak

双肩包

gast

客人

kamer

房间

slaapzak

睡袋

tent

帐篷

VVV-kantoor

旅游信息

strand

海滩

creditkaart

信用卡

ontbijt

早餐

lunch

午餐

diner

晚餐

kaartje

票

lift

电梯

postzegel

邮票

grens

边界

douane

海关

ambassade

大使馆

visum

签证

paspoort

护照

transport
交通运输

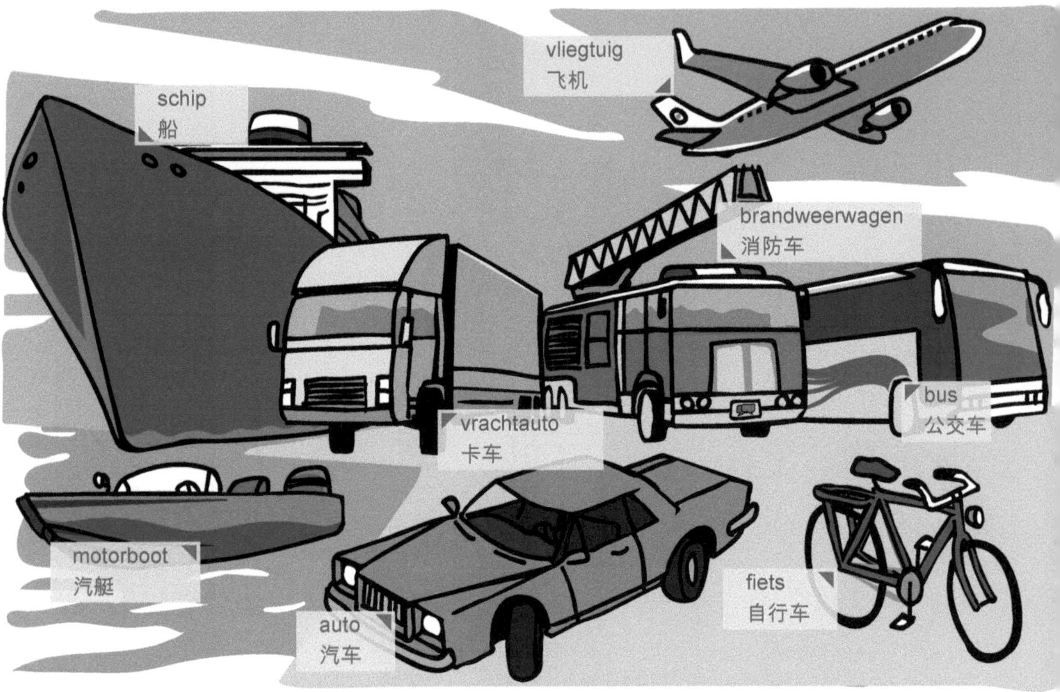

vliegtuig
飞机
schip
船
brandweerwagen
消防车
bus
公交车
vrachtauto
卡车
motorboot
汽艇
fiets
自行车
auto
汽车

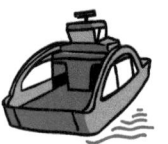

veerboot

摆渡船

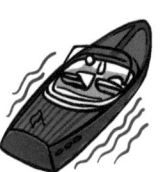

boot

小船

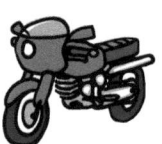

motorfiets

摩托车

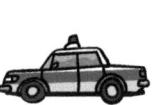

politiewagen

警车

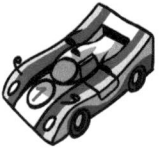

raceauto

赛车

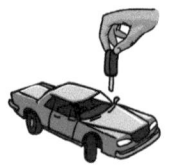

huurauto

租车

carsharing

拼车

takelwagen

拖车

vuilniswagen

垃圾车

motor

发动机

benzine

汽油

benzinepomp

加油站

verkeersbord

交通标志

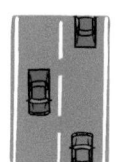

verkeer

交通

file

交通堵塞

parkeerplaats

停车场

station

火车站

rails

轨道

trein

火车

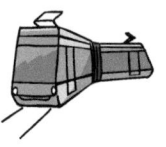

tram

电车

wagon

货车

helikopter

直升机

luchthaven

机场

toren

塔

passagier

乘客

container

集装箱

verhuisdoos

纸板箱

kar

手推车

mand

篮子

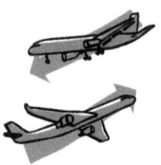

opstijgen / landen

起飞/降落

stad

城市

dorp

村庄

stadscentrum

市中心

huis

房子

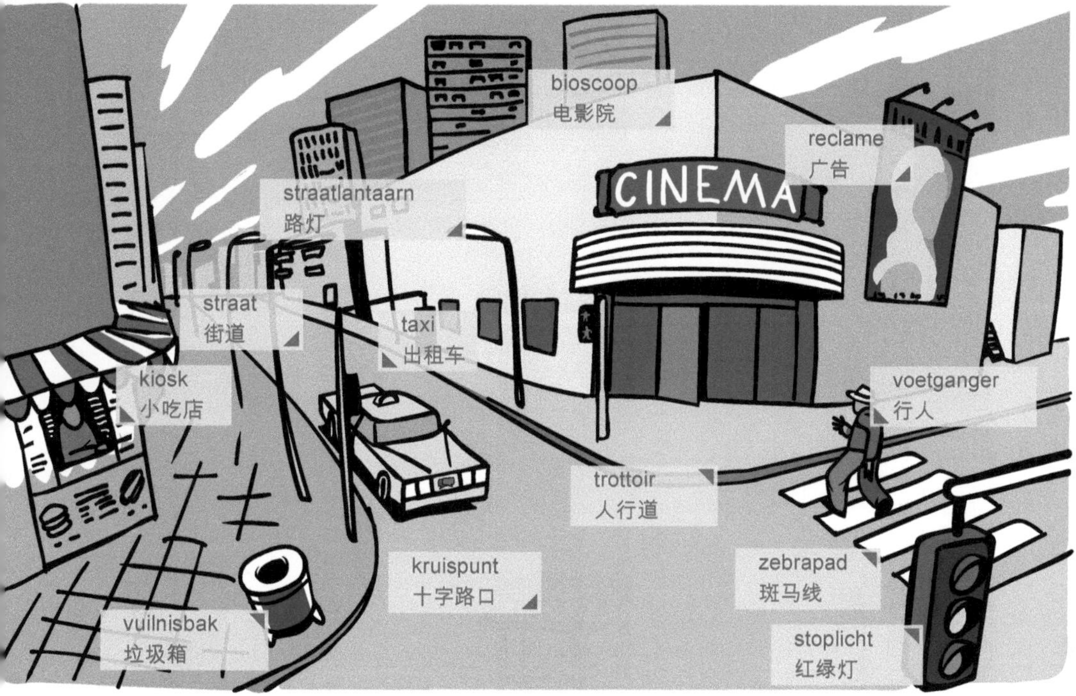
bioscoop
电影院
reclame
广告
CINEMA
straatlantaarn
路灯
straat
街道
taxi
出租车
kiosk
小吃店
voetganger
行人
trottoir
人行道
kruispunt
十字路口
zebrapad
斑马线
vuilnisbak
垃圾箱
stoplicht
红绿灯

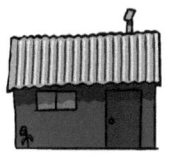

hut

小屋

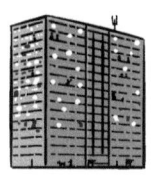

appartement

公寓

station

火车站

stadhuis

市政厅

MUSEUM

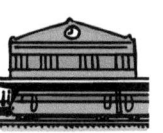

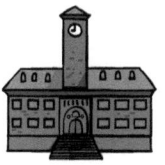

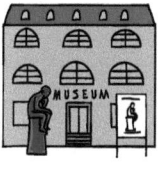

museum

博物馆

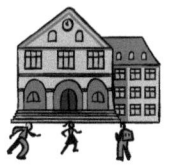

school

学校

universiteit

大学

bank

银行

ziekenhuis

医院

hotel

酒店

apotheek

药房

kantoor

办公室

boekenwinkel

书店

winkel

商店

bloemenwinkel

花店

supermarkt

超市

markt

市场

warenhuis

百货商店

visboer

鱼店

winkelcentrum

购物中心

haven

海港

park

公园

bank

长凳

brug

桥

trap

楼梯

metro

地铁

tunnel

隧道

bushalte

公交车站

bar

酒吧

restaurant

餐馆

brievenbus

邮筒

straatnaambord

路标

parkeermeter

停车计时器

dierentuin

动物园

zwembad

游泳馆

moskee

清真寺

boerderij

农场

vervuiling

污染

begraafplaats

墓地

kerk

教堂

speelplaats

操场

tempel

寺庙

landschap

地形

blad
树叶

wegwijzer
指示牌

weg
路

weide
草地

steen
石头

boom
树

wandelaar
徒步旅行者

rivier
河

gras
草

bloem
花

vallei

峡谷

berg

山

meer

湖

bos

森林

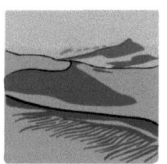

woestijn

沙漠

vulkaan

火山

kasteel

城堡

regenboog

彩虹

paddenstoel

蘑菇

palmboom

棕榈树

mug

蚊子

vlieg

苍蝇

mier

蚂蚁

bij

蜜蜂

spin

蜘蛛

kever

甲虫

kikker

青蛙

eekhoorn

松鼠

egel

刺猬

haas

野兔

uil

猫头鹰

vogel

鸟

zwaan

天鹅

wild zwijn

野猪

hert

鹿

eland

麋鹿

stuwdam

水坝

windmolen

风力发电机

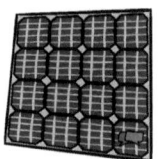

zonnepaneel

太阳能电池板

klimaat

气候

restaurant
餐馆

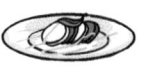

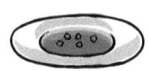

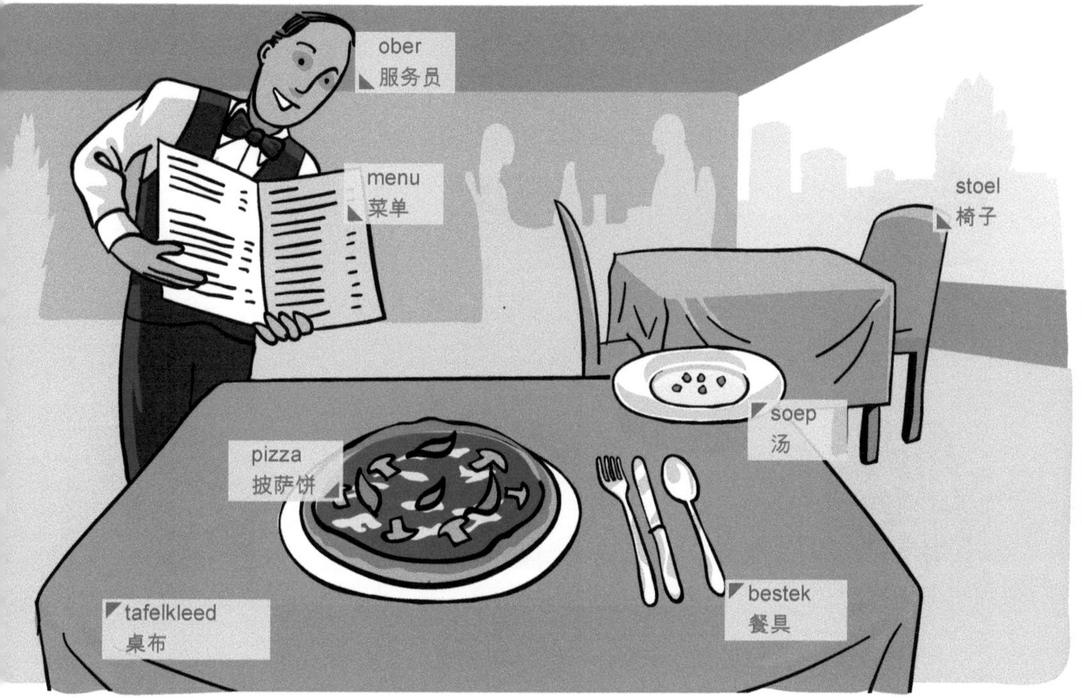

ober
服务员
menu
菜单
stoel
椅子
soep
汤
pizza
披萨饼
tafelkleed
桌布
bestek
餐具

voorgerecht

前菜

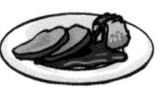

hoofdgerecht

主菜

toetje

甜点

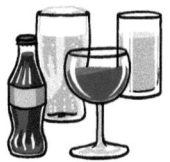

dranken

饮料

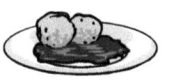

eten

食物

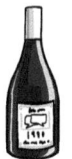

fles

瓶子

fastfood

快餐

eetkraampje

街边小吃

theepot

茶壶

suikerpot

糖盒

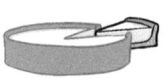

portie

一份饭菜

espressomachine

意式咖啡机

kinderstoel

高脚椅

rekening

账单

dienblad

托盘

mes

刀

vork

餐叉

lepel

勺子

theelepel

茶匙

servet

餐巾

glas

玻璃杯

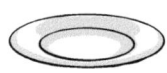

bord

碟子

soepbord

汤盘

schotel

碟子

saus

酱

zoutvaatje

盐瓶

pepermolen

胡椒磨

azijn

醋

olie

食用油

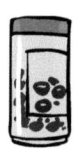

kruiden

调味料

ketchup

番茄酱

mosterd

芥末

mayonaise

蛋黄酱

supermarkt
超市

aanbieding
特价
FOR
klant
顾客
zuivelproducten
乳制品
fruit
水果
winkelwagen
购物车

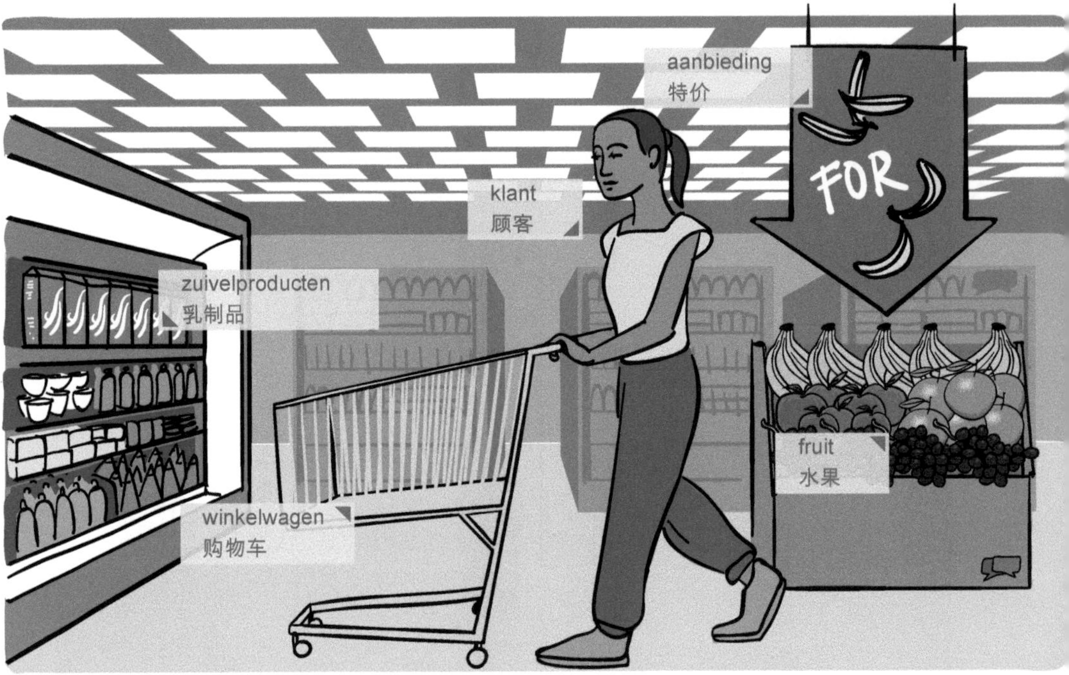

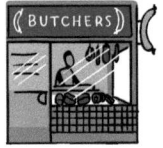

BUTCHERS

slager
肉铺

BAKERY

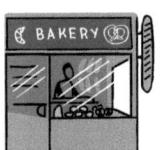

bakkerij
面包房

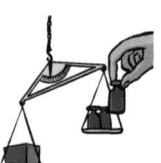

wegen
称重

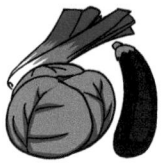

groente
蔬菜

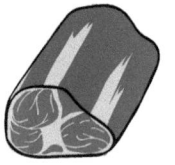

vlees
肉

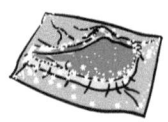

diepvriesproducten
冷冻食品

vleeswaren

冷盘

conserven

罐头食品

wasmiddel

洗衣粉

snoepgoed

甜食

huishoudelijke artikelen

日用品

schoonmaakmiddel

清洁用品

verkoopster

销售员

kassa

收银机

kassier

收银员

boodschappenlijstje

购物清单

openingstijden

开放时间

portefeuille

钱包

creditkaart

信用卡

tas

袋子

plastic zak

塑料袋

water

水

sap

果汁

melk

牛奶

cola

可乐

wijn

红酒

bier

啤酒

alcohol

酒

chocolademelk

可可

thee

茶

koffie

咖啡

espresso

意式浓缩咖啡

cappuccino

卡布奇诺

banaan

香蕉

appel

苹果

sinaasappel

橙子

watermeloen

西瓜

citroen

柠檬

wortel

胡萝卜

knoflook

大蒜

bamboe

竹子

ui

洋葱

paddenstoel

蘑菇

noten

坚果

pasta

面条

spaghetti

意大利面条

rijst

米饭

salade

沙拉

friet

薯条

gebakken aardappelen

炸土豆

pizza

披萨饼

hamburger

汉堡包

sandwich

三明治

schnitzel

炸猪排

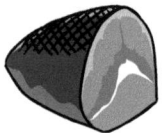

ham

火腿

salami

萨拉米

worst

香肠

kip

鸡肉

gebraad

烤肉

vis

鱼

havermout

燕麦片

muesli

穆兹利

cornflakes

玉米片

meel

面粉

croissant

羊角面包

broodjes

面包卷

brood

面包

toast

烤面包

koekjes

饼干

boter

黄油

kwark

凝乳

taart

蛋糕

ei

蛋

gebakken ei

煎蛋

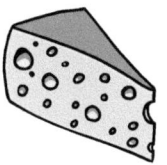

kaas

奶酪

ijs

冰激凌

suiker

糖

honing

蜂蜜

jam

果酱

chocoladepasta

巧克力酱

kerrie

咖喱饭

boerderij
农舍

schuur
粮仓

hooibaal
稻草捆

veld
田野

paard
马

aanhangwagen
拖车

veulen
马驹

tractor
拖拉机

ezel
驴

lam
羔羊

schaap
羊

geit

山羊

koe

奶牛

kalf

牛犊

varken

猪

big

小猪

stier

公牛

gans

鹅

eend

鸭

kuiken

小鸡

kip

母鸡

haan

公鸡

rat

鼠

kat

猫

muis

老鼠

os

牛

hond

狗

hondenhok

狗屋

tuinslang

花园浇水软管

gieter

洒水壶

zeis

长柄大镰刀

ploeg

犁

sikkel

镰刀

schoffel

锄头

hooivork

长柄草耙

bijl

斧头

kruiwagen

独轮手推车

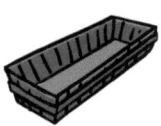

trog

饲料槽

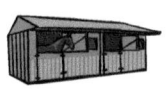

melkbus

牛奶罐

zak

麻布袋

hek

栅栏

stal

马厩

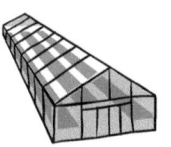

broeikas

温室

grond

土壤

zaad

种子

mest

肥料

maaidorser

联合收割机

oogsten

收割

oogst

收割

yam

山药

tarwe

小麦

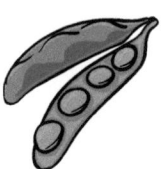

soja

大豆

aardappel

土豆

maïs

玉米

koolzaad

油菜籽

fruitboom

果树

maniok

树薯

granen

谷物

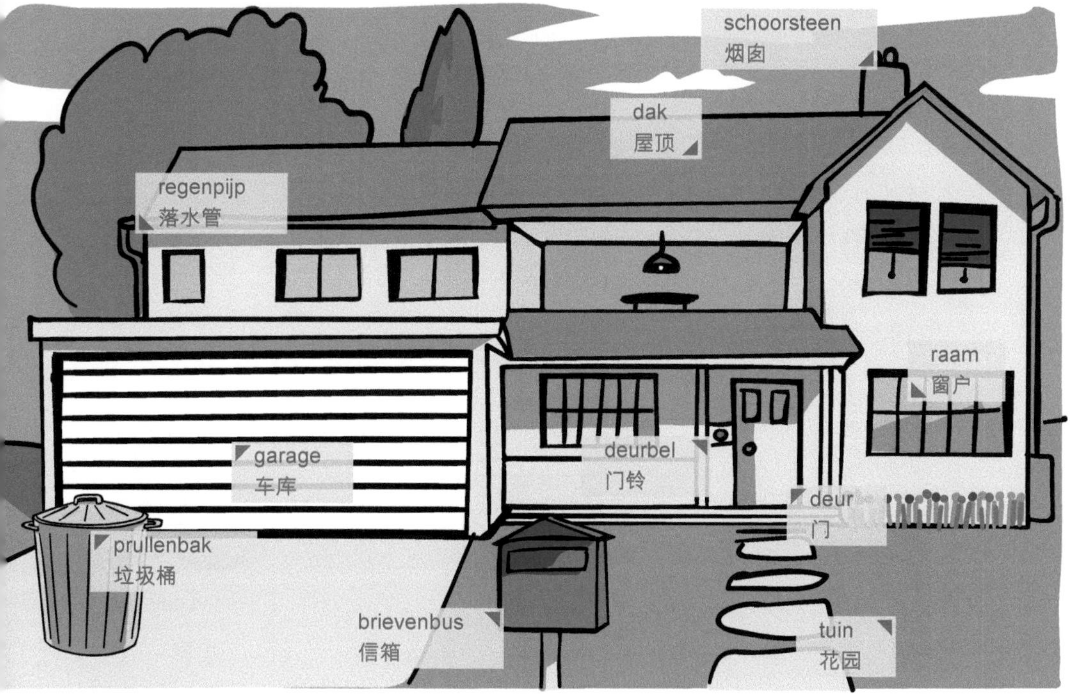

schoorsteen
烟囱

dak
屋顶

regenpijp
落水管

raam
窗户

garage
车库

deurbel
门铃

deur
门

prullenbak
垃圾桶

brievenbus
信箱

tuin
花园

woonkamer

客厅

badkamer

浴室

keuken

厨房

slaapkamer

卧室

kinderkamer

儿童房

eetkamer

餐厅

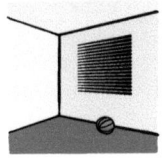

vloer

地板

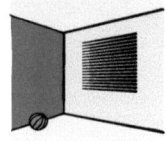

muur

墙壁

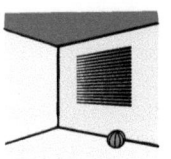

plafond

吊顶

kelder

地窖

sauna

桑拿

balkon

阳台

terras

露台

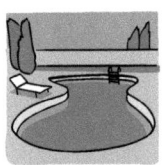

zwembad

游泳池

grasmaaier

割草机

laken

被单

bedsprei

床罩

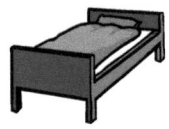

bed

床

bezem

扫帚

emmer

水桶

schakelaar

开关

woonkamer

客厅

behang
壁纸
foto
照片
lamp
台灯
plank
搁架
kast
橱柜
televisie
电视机
open haard
壁炉
bloem
花
kussen
垫子
bankstel
沙发
vaas
花瓶
afstandsbediening
遥控器

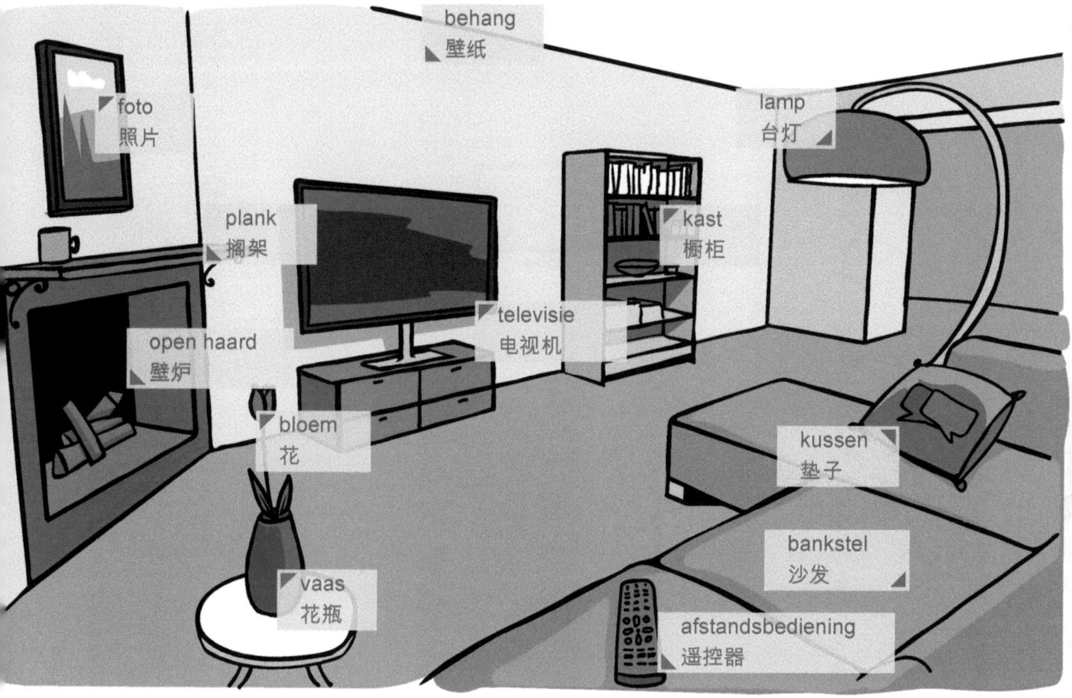

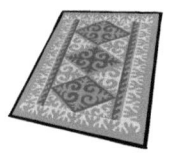

tapijt
地毯

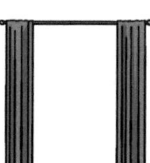

gordijn
窗帘

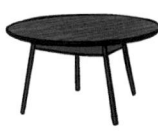

tafel
餐桌

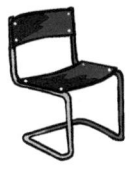

stoel
椅子

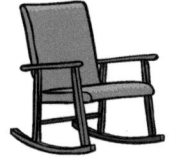

schommelstoel
摇椅

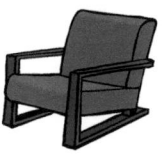

stoel
扶手椅

boek

书

deken

毯子

decoratie

装饰品

brandhout

木柴

film

电影

stereo-installatie

高保真音响

sleutel

钥匙

krant

报纸

schilderij

油画

poster

海报

radio

收音机

kladblok

笔记本

stofzuiger

吸尘器

cactus

仙人掌

kaars

蜡烛

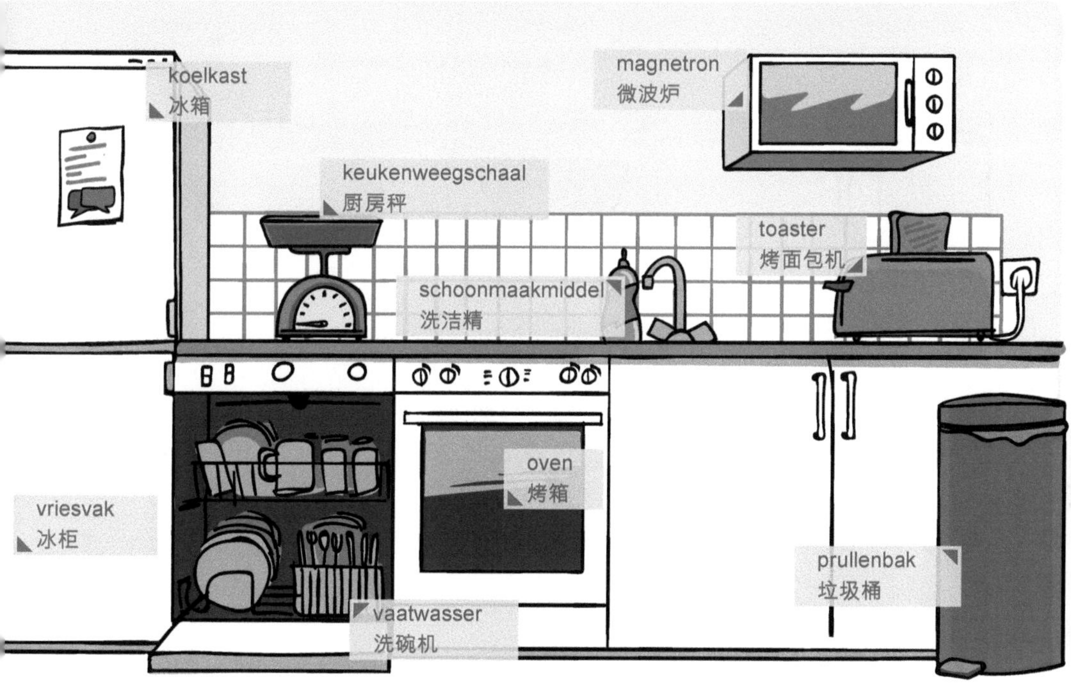

koelkast
冰箱

magnetron
微波炉

keukenweegschaal
厨房秤

schoonmaakmiddel
洗洁精

toaster
烤面包机

oven
烤箱

vriesvak
冰柜

prullenbak
垃圾桶

vaatwasser
洗碗机

fornuis
....
炊具

pan
....
锅

gietijzeren pan
....
铸铁锅

wok / kadai
....
炒锅

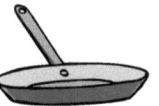

koekenpan
....
平底锅

ketel
....
水壶

stoomkoker

蒸锅

bakplaat

烤盘

servies

陶瓷锅

beker

马克杯

kom

碗

eetstokjes

筷子

soeplepel

长柄勺

spatel

铲子

garde

搅拌器

vergiet

滤网

zeef

筛子

rasp

磨碎机

vijzel

研钵

barbecue

烧烤

vuurhaard

明火

snijplank

菜板

deegroller

擀面杖

kurkentrekker

开瓶器

blik

罐子

blikopener

开罐器

pannenlap

隔热手套

wasbak

水槽

borstel

刷子

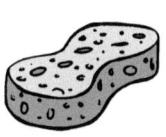

spons

海绵

blender

搅拌机

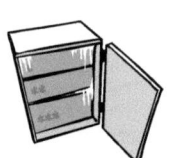

vriezer

冷藏箱

babyflesje

奶瓶

kraan

水龙头

badkamer

浴室

verwarming
供暖设备
douche
淋浴
handdoek
毛巾
douchegordijn
浴帘
bubbelbad
泡沫浴
bad
浴缸
glas
玻璃杯
wasmachine
洗衣机
kraan
水龙头
tegels
瓷砖
potje
便壶
wasbak
水槽

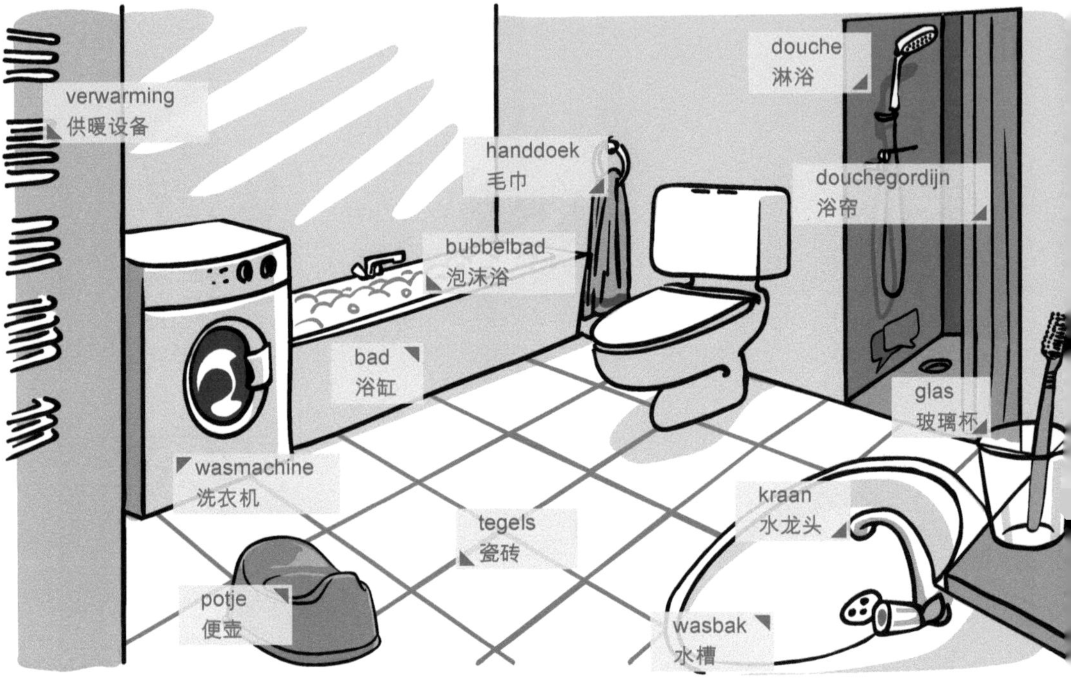

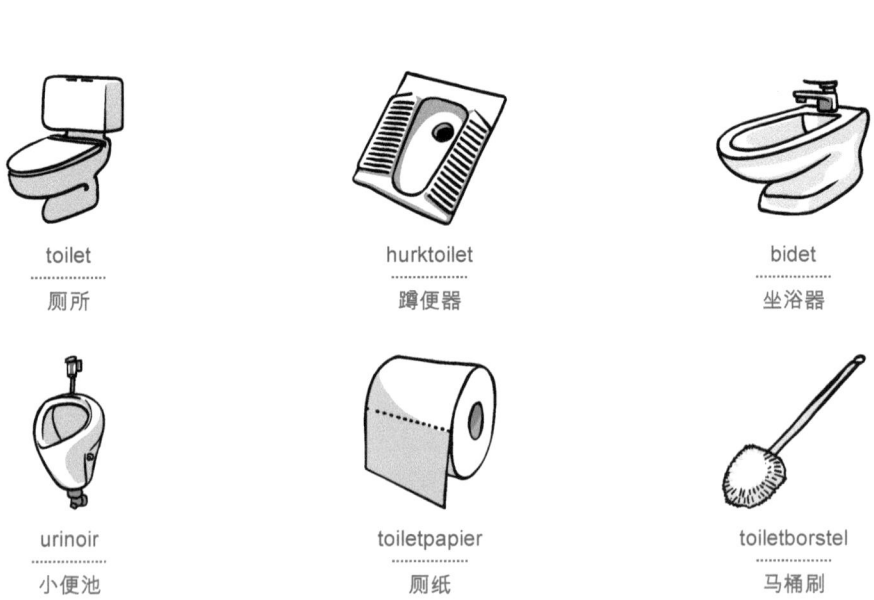

toilet

厕所

hurktoilet

蹲便器

bidet

坐浴器

urinoir

小便池

toiletpapier

厕纸

toiletborstel

马桶刷

tandenborstel

牙刷

tandpasta

牙膏

flosdraad

牙线

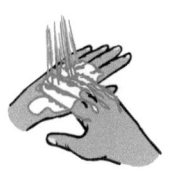

wassen

洗

handdouche

手持式喷淋头

toiletdouche

冲洗器

waskom

洗脸盆

rugborstel

擦背刷

zeep

肥皂

douchegel

沐浴露

shampoo

洗发水

washanje

法兰绒

afvoer

排水

creme

乳霜

deodorant

除臭剂

badkamer - 浴室

spiegel

镜子

make-upspiegel

手镜

scheermes

剃须刀

scheerschuim

剃须泡沫

aftershave

须后水

kam

梳子

borstel

刷子

haardroger

吹风机

haarspray

喷发定型剂

make-up

化妆品

lippenstift

唇膏

nagellak

指甲油

watten

化妆棉

nagelschaartje

指甲剪

parfum

香水

toilettas

洗漱包

kruk

凳子

weegschaal

计重秤

badjas

浴袍

rubber handschoenen

橡胶手套

tampon

卫生棉条

maandverband

卫生巾

chemisch toilet

化学厕所

kinderkamer
儿童房

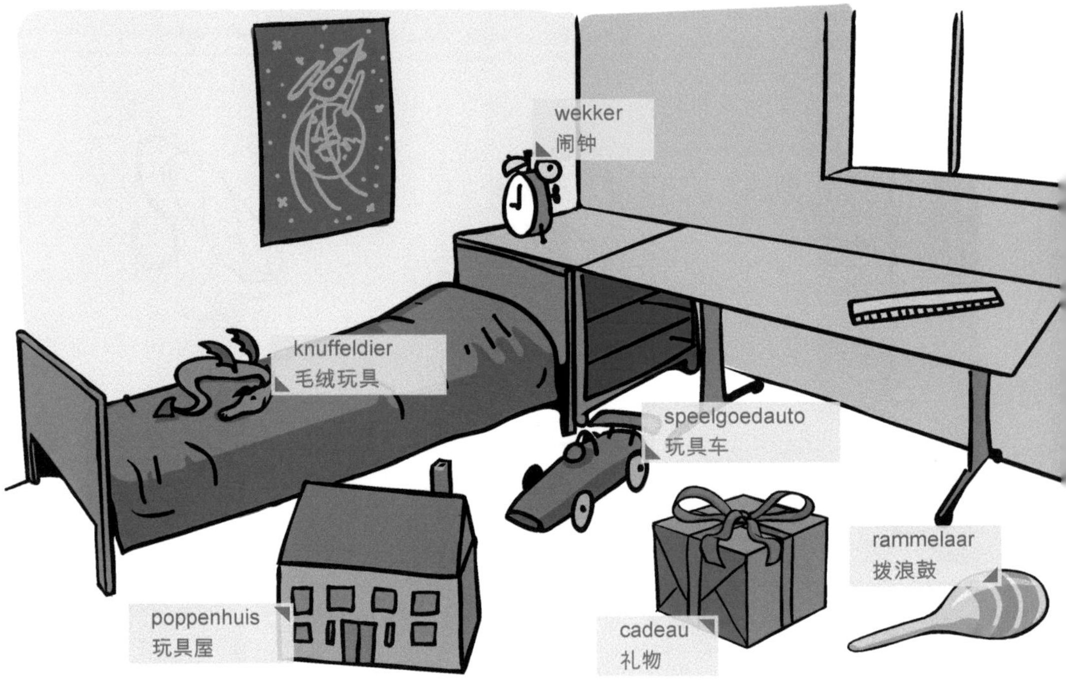
wekker
闹钟
knuffeldier
毛绒玩具
speelgoedauto
玩具车
rammelaar
拨浪鼓
poppenhuis
玩具屋
cadeau
礼物

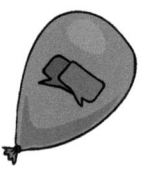

ballon

气球

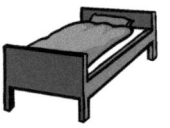

bed

床

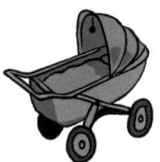

kinderwagen

（洋娃娃用）婴儿车

kaartspel

扑克牌

puzzel

拼图

SUPER
MEGA

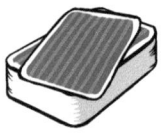

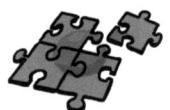

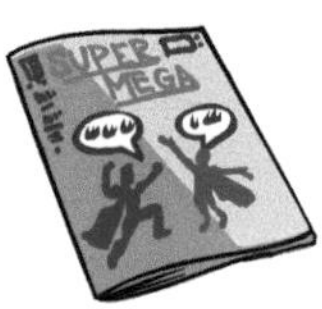

stripverhaal

漫画

legostenen

乐高积木

speelgoedblokken

积木玩具

actiefiguurtje

玩具人

romper

婴儿服

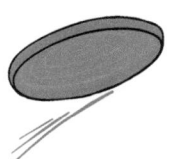

frisbee

飞盘

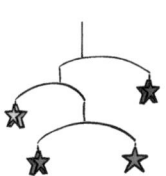

mobile

床铃玩具

bordspel

棋盘游戏

dobbelsteen

骰子

modeltrein

火车模型

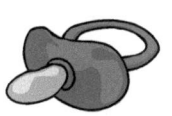

speen

安抚奶嘴

feestje

聚会

prentenboek

绘本

bal

球

pop

洋娃娃

spelen

玩

zandbak

沙坑

schommel

秋千

speelgoed

玩具

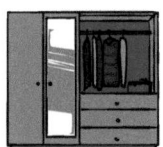

spelcomputer

游戏机

driewieler

三轮车

teddybeer

泰迪熊

kleerkast

衣柜

kleding

衣服

sokken

袜子

kousen

长袜

panty

紧身裤

sjaal
围巾

paraplu
雨伞

riem
皮带

T-shirt
T恤

laarzen
靴子

pantoffels
拖鞋

sportschoenen
运动鞋

sandalen
凉鞋

schoenen
鞋

rubberlaarzen
雨靴

onderbroek
内裤

beha
胸罩

onderhemd
背心

body

身体

broek

裤子

spijkerbroek

牛仔裤

rok

短裙

blouse

女式衬衫

overhemd

衬衫

trui

套头衫

hoody

卫衣

blazer

西装夹克

jas

夹克

mantel

外套

regenjas

雨衣

kostuum

套装

jurk

连衣裙

trouwjurk

婚纱

pak

西装

nachthemd

睡袍

pyjama

睡衣

sari

莎丽

hoofddoek

头巾

tulband

包头巾

boerka

波卡

kaftan

卡夫坦

abaja

(阿拉伯式)长袍

zwempak

泳衣

zwembroek

男式泳裤

korte broek

短裤

trainingspak

运动服

schort

围裙

handschoenen

手套

knoop

纽扣

bril

眼镜

armband

手链

ketting

项链

ring

戒指

oorbel

耳环

pet

便帽

kledinghanger

衣架

hoed

帽子

stropdas

领带

rits

拉链

helm

头盔

bretels

背带

schooluniform

校服

uniform

制服

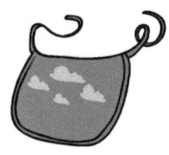

slabbetje

围兜

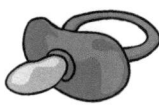

speen

安抚奶嘴

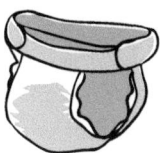

luier

尿不湿

kantoor
办公室

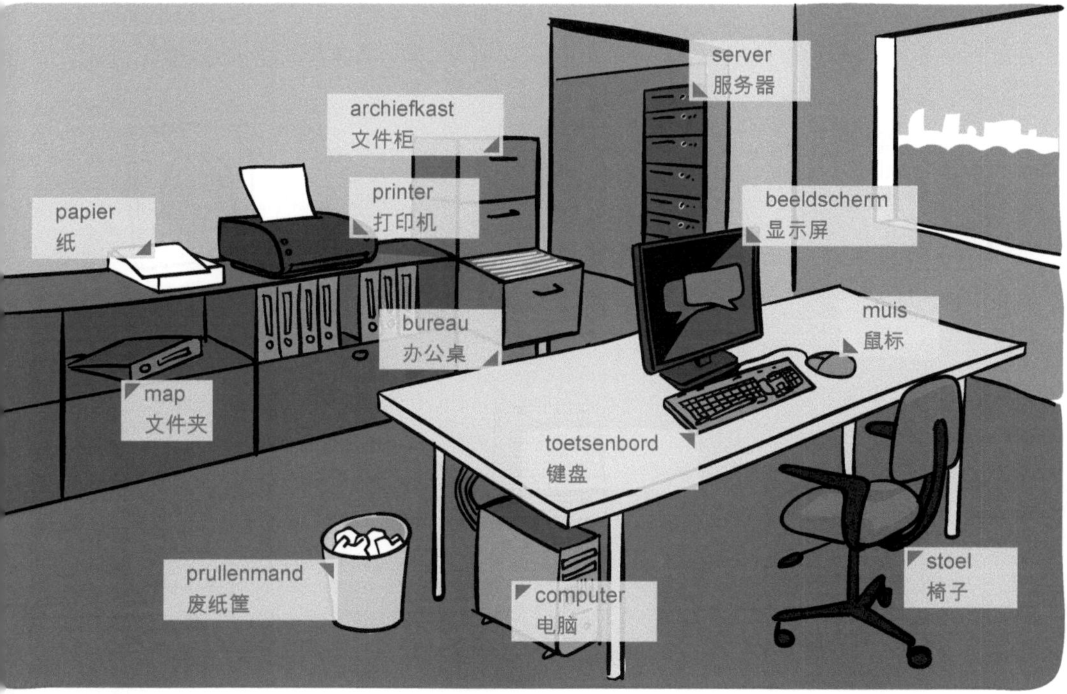
server
服务器
archiefkast
文件柜
printer
打印机
papier
纸
beeldscherm
显示屏
muis
鼠标
bureau
办公桌
map
文件夹
toetsenbord
键盘
prullenmand
废纸篓
computer
电脑
stoel
椅子

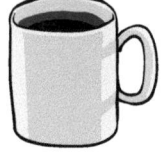

koffiemok

咖啡杯

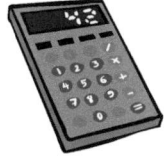

rekenmachine

计算器

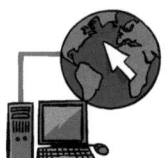

internet

因特网

laptop

笔记本电脑

brief

信件

bericht

消息

mobiele telefoon

手机

netwerk

网络

kopieermachine

复印机

software

软件

telefoon

电话

stopcontact

插座

fax

传真机

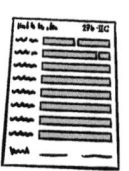

formulier

表格

document

文件

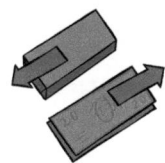

kopen

买

betalen

付钱

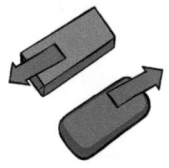

handel drijven

交易

geld

现金

dollar

美元

euro

欧元

yen

日元

roebel

卢布

Zwitserse frank

瑞士法郎

renminbi yuan

人民币

roepie

卢比

geldautomaat

提款处

wisselkantoor
外币兑换处

goud
金

zilver
银

olie
石油

energie
能源

prijs
价格

contract
合同

belasting
税金

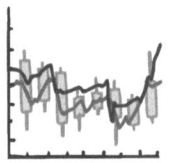
aandeel
股票

werken
工作

werknemer
职员

werkgever
老板

fabriek
工厂

winkel
商店

beroepen
职业

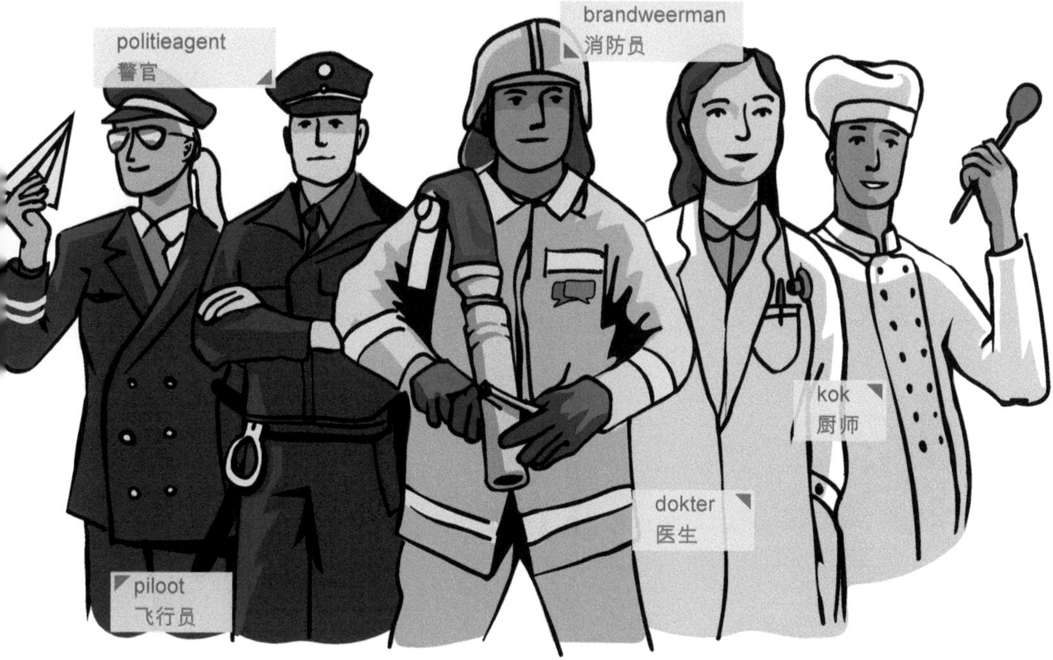
politieagent
警官
brandweerman
消防员
kok
厨师
dokter
医生
piloot
飞行员

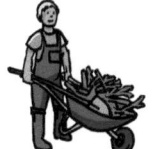

tuinman
园丁

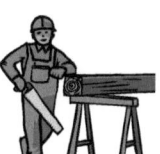

timmerman
木匠

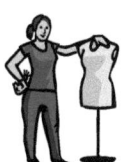

naaister
裁缝

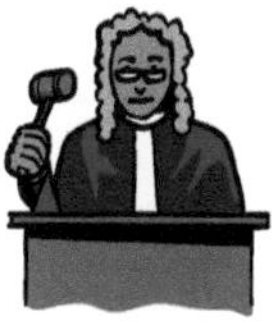

rechter
法官

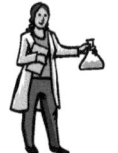

scheikundige
化学家

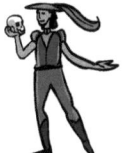

toneelspeler
演员

buschauffeur

公交车司机

taxichauffeur

出租车司机

visser

渔夫

schoonmaakster

清洁女工

dakdekker

屋顶工

ober

服务员

jager

猎人

schilder

画家

bakker

面包师

elektricien

电工

bouwvakker

建筑工人

ingenieur

工程师

slager

屠夫

loodgieter

水管工

postbode

邮递员

soldaat

士兵

architect

建筑师

kassier

收银员

bloemist

花农

kapper

理发师

conducteur

售票员

monteur

机械师

kapitein

船长

tandarts

牙医

wetenschapper

科学家

rabbi

拉比

imam

伊玛目

monnik

和尚

pastoor

牧师

gereedschap

工具

hamer
铁锤
tang
钳子
schroevendraaier
螺丝刀
moersleutel
扳手
zaklamp
手电筒

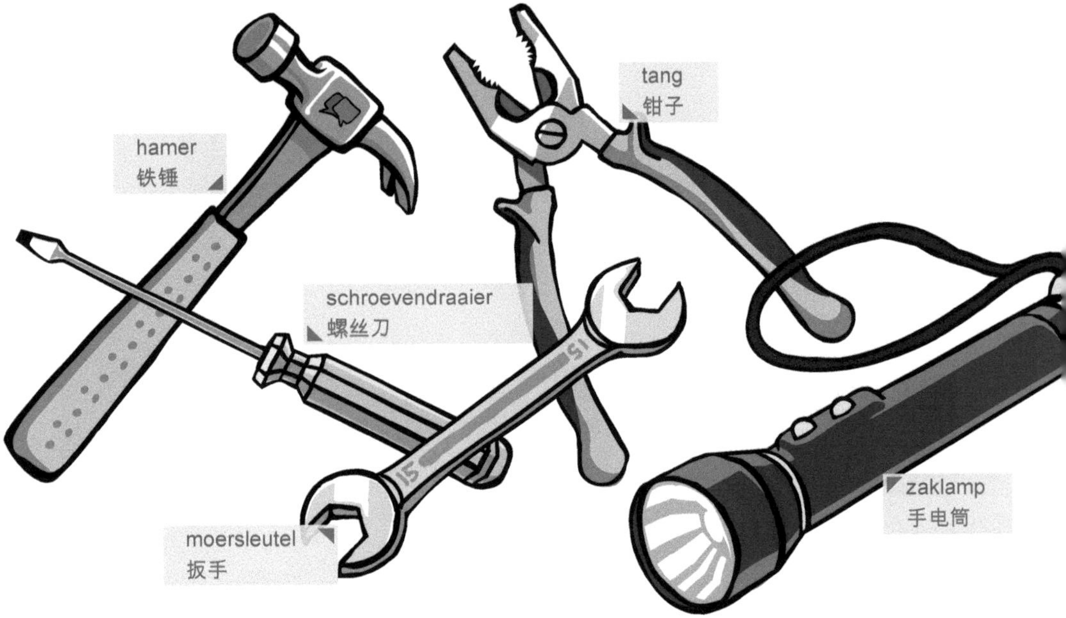

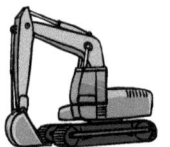

graafmachine

挖掘机

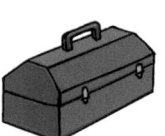

gereedschapskist

工具箱

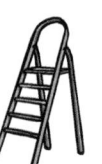

ladder

梯子

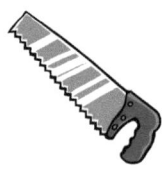

zaag

锯子

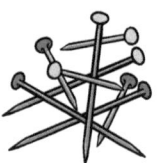

spijkers

钉子

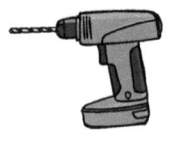

boor

钻机

repareren

修

schep

铲子

Verdorie!

靠！

stofblik

簸箕

verfpot

油漆桶

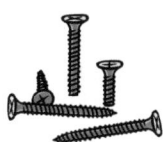

schroeven

螺丝

muziekinstrumenten
乐器

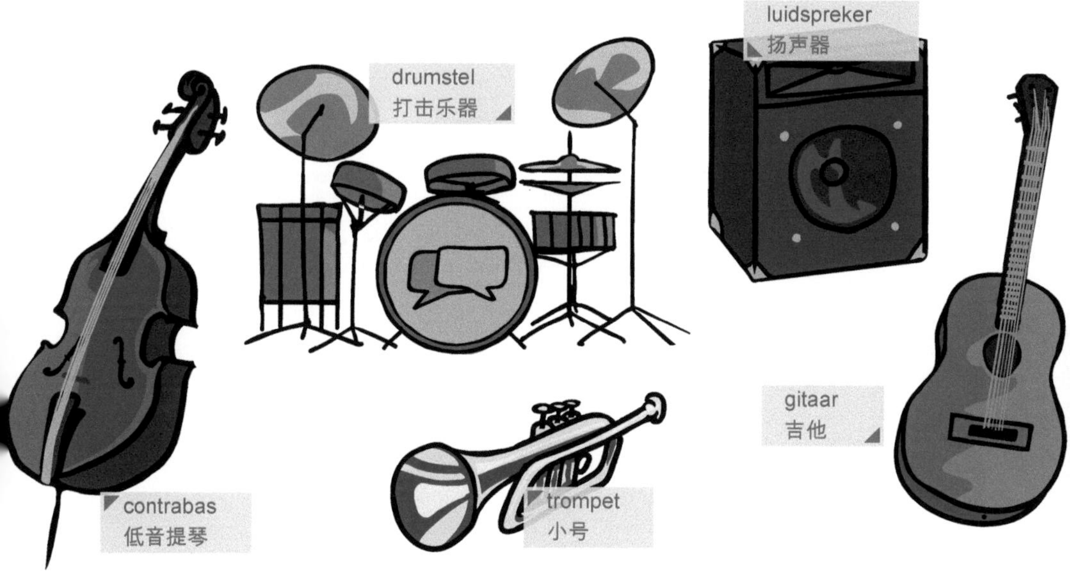

drumstel
打击乐器

luidspreker
扬声器

gitaar
吉他

contrabas
低音提琴

trompet
小号

piano

钢琴

viool

小提琴

bas

贝斯

pauk

定音鼓

trommel

鼓

keyboard

电子琴

saxofoon

萨克斯管

fluit

长笛

microfoon

麦克风

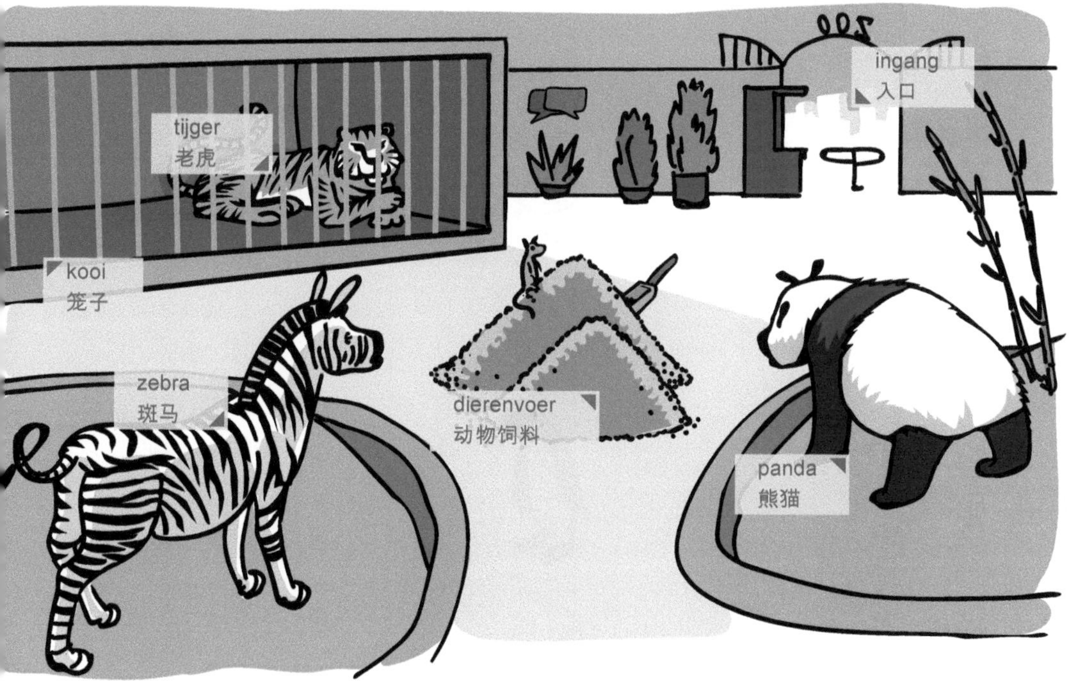
zoo
ingang
入口
tijger
老虎
kooi
笼子
zebra
斑马
dierenvoer
动物饲料
panda
熊猫

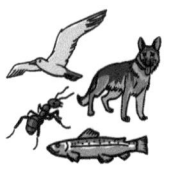

dieren

动物

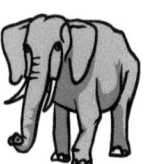

olifant

大象

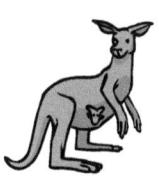

kangoeroe

袋鼠

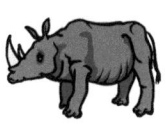

neushoorn

犀牛

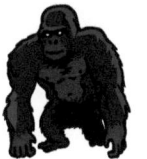

gorilla

大猩猩

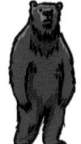

beer

熊

kameel

骆驼

struisvogel

鸵鸟

leeuw

狮子

aap

猴子

flamingo

火烈鸟

papegaai

鹦鹉

ijsbeer

北极熊

pinguïn

企鹅

haai

鲨鱼

pauw

孔雀

slang

蛇

krokodil

鳄鱼

dierenverzorger

动物园管理员

zeehond

海豹

jaguar

美洲豹

pony

矮种马

luipaard

豹

nijlpaard

河马

giraffe

长颈鹿

adelaar

老鹰

wild zwijn

野猪

vis

鱼

schildpad

龟

walrus

海象

vos

狐狸

gazelle

羚羊

American football
橄榄球

wielrennen
骑自行车

tennis
网球

basketbal
篮球

zwemmen
游泳

ijshockey
冰球

boksen
拳击

voetbal
英式足球

badminton
羽毛球

atletiek
田径

handbal
手球

skiën
滑雪

polo
马球

springen
跳

lachen
笑

knuffelen
拥抱

lopen
走路

zingen
唱

dromen
做梦

bidden
祈祷

kussen
亲吻

schrijven
书写

tekenen
画

tonen
展示

duwen
推

geven
给

oppakken
拿

hebben

有

doen

做

zijn

当

staan

站

rennen

跑

trekken

拉

gooien

扔

vallen

摔倒

liggen

躺

wachten

等待

dragen

携带

zitten

坐

aankleden

穿衣

slapen

睡觉

wakker worden

醒来

bekijken
看

huilen
哭

strelen
抚摸

kammen
梳头

praten
交谈

begrijpen
明白

vragen
问

horen
听

drinken
喝

eten
吃

opruimen
清理

houden van
爱

koken
做饭

rijden
开车

vliegen
飞

zeilen

航行

rekenen

计算

lezen

读

leren

学习

werken

工作

trouwen

结婚

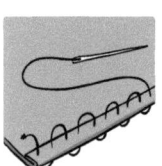

naaien

缝

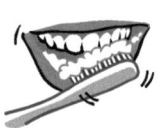

tandenpoetsen

刷牙

doden

杀

roken

抽烟

verzenden

寄

grootmoeder
祖母

grootvader
祖父

vader
父亲

moeder
母亲

baby
婴童

dochter
女儿

zoon
儿子

gast

客人

tante

阿姨

oom

叔叔

broer

兄弟

zus

姐妹

lichaam

身体

voorhoofd
前额
oog
眼睛
schouder
肩膀
vinger
手指
gezicht
脸
kin
下巴
hand
手
been
腿
borst
乳房
arm
手臂

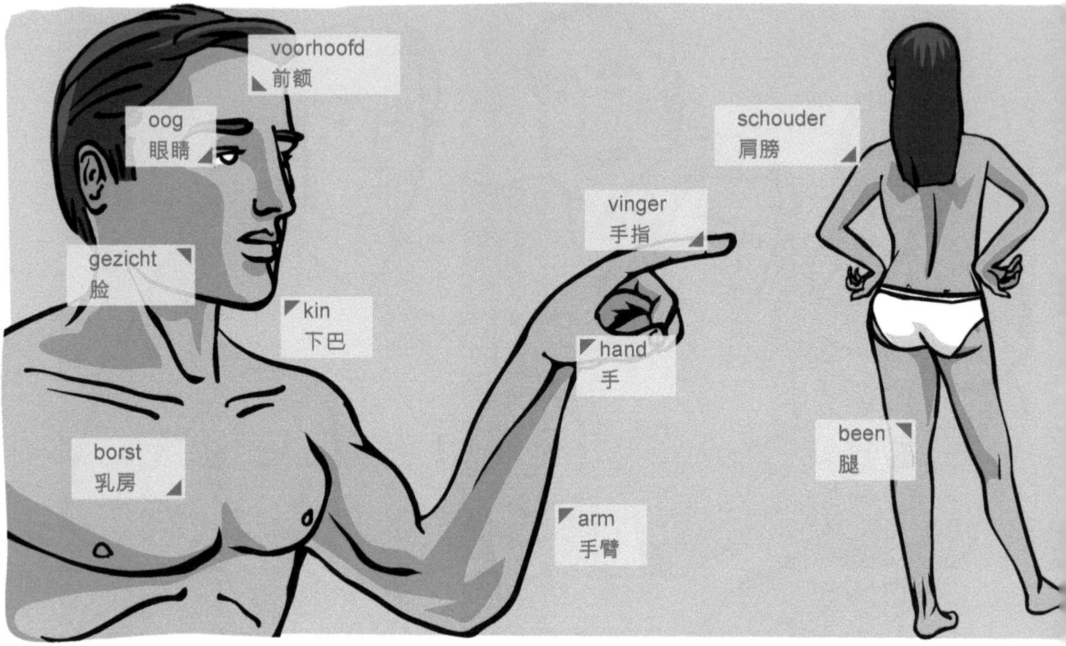

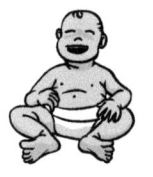

baby
婴童

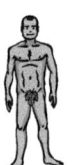

man
男人

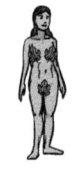

vrouw
女人

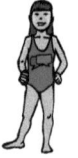

meisje
女孩

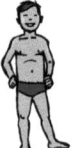

jongen
男孩

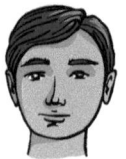

hoofd
头

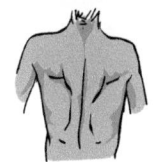

rug

背部

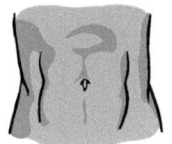

buik

肚子

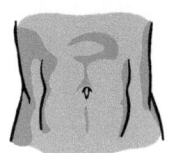

navel

肚脐

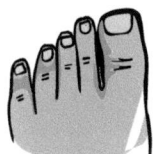

teen

脚趾

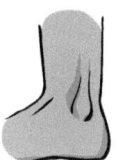

hiel

脚后跟

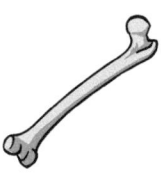

bot

骨头

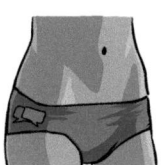

heup

臀部

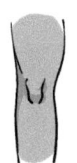

knie

膝盖

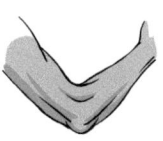

elleboog

手肘

neus

鼻子

achterwerk

屁股

huid

皮肤

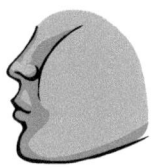

wang

脸颊

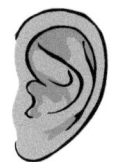

oor

耳朵

lippen

嘴唇

mond

嘴

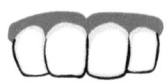

tand

牙齿

tong

舌头

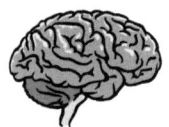

hersenen

脑

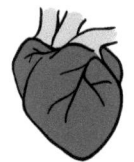

hart

心脏

spier

肌肉

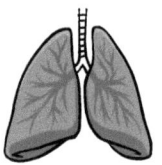

long

肺

lever

肝脏

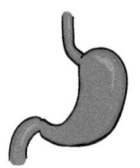

maag

胃

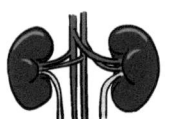

nieren

肾脏

geslachtsgemeenschap

性交

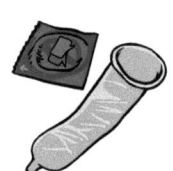

condoom

避孕套

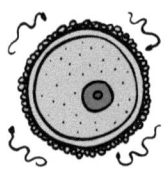

eicel

卵子

sperma

精子

zwangerschap

怀孕

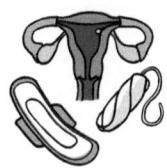

menstruatie

月经

vagina

阴道

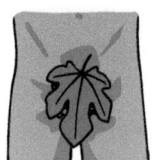

penis

阴茎

wenkbrauw

眉毛

haar

头发

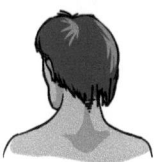

hals

脖子

ziekenhuis
医院

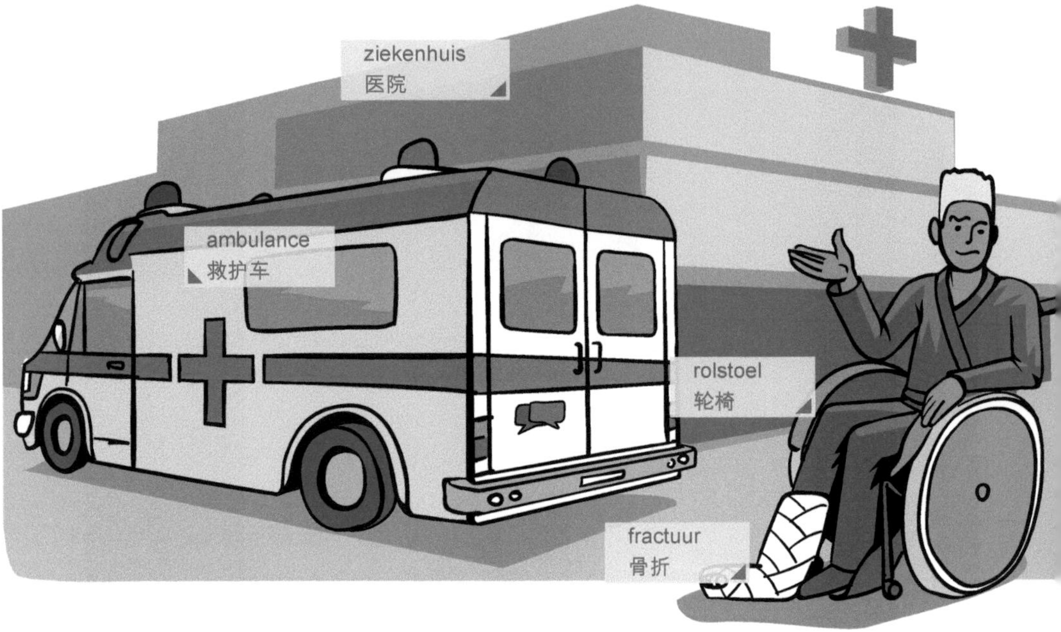

ziekenhuis
医院
ambulance
救护车
rolstoel
轮椅
fractuur
骨折

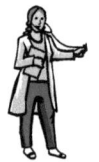

dokter
医生

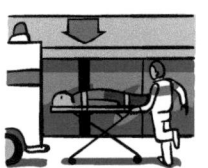

EHBO
急诊室

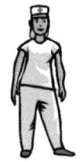

verpleegster
护士

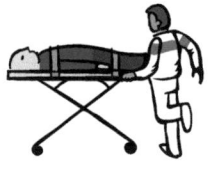

noodgeval
紧急情况

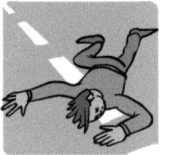

bewusteloos
昏迷

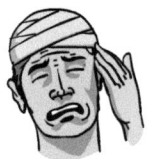

pijn
痛

verwonding

受伤

bloeding

出血

hartaanval

心脏病发作

beroerte

中风

allergie

过敏

hoest

咳嗽

koorts

发烧

griep

流感

diarree

腹泻

hoofdpijn

头痛

kanker

癌症

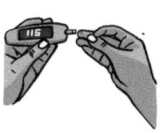

diabetes

糖尿病

chirurg

外科医生

scalpel

手术刀

operatie

手术

CT

CT

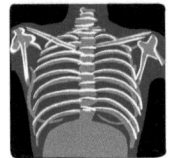

röntgen

X光

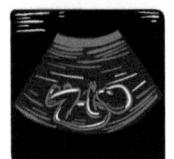

echografie

超声波

gezichtsmasker

口罩

ziekte

疾病

wachtkamer

候诊室

kruk

拐杖

pleister

石膏

verband

绷带

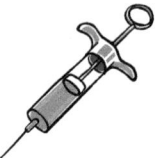

injectie

注射

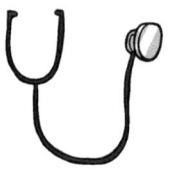

stethoscoop

听诊器

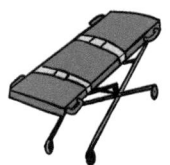

brancard

担架

thermometer

体温计

geboorte

出生

overgewicht

超重

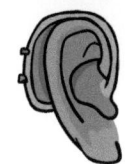

gehoorapparaat

助听器

ontsmettingsmiddel

消毒液

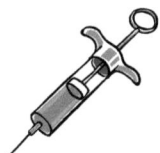

infectie

感染

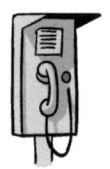

virus

病毒

HIV / AIDS

艾滋病

medicijn

药物

inenting

接种疫苗

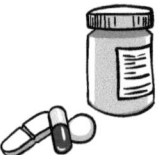

tabletten

药片

pil

药丸

alarmnummer

急救电话

bloeddrukmeter

血压计

ziek / gezond

生病/健康

Help!

救命！

alarm

警报

overval

突击

aanval

攻击

gevaar

危险

nooduitgang

紧急出口

Brand!

着火啦！

brandblusser

灭火器

ongeluk

意外

EHBO-koffer

急救箱

SOS

呼救信号

politie

警察

Europa

欧洲

Noord-Amerika

北美洲

Zuid-Amerika

南美洲

Afrika

非洲

Azië

亚洲

Australië

澳洲

Atlantische Oceaan

大西洋

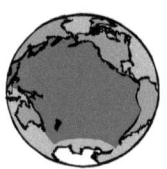

Stille Oceaan

太平洋

Indische Oceaan

印度洋

Zuidelijke Oceaan

南冰洋

Noordelijke IJszee

北冰洋

Noordpool

北极

Zuidpool

南极

Antarctica

南极洲

aarde

地球

land

陆地

zee

海

eiland

岛

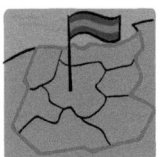

natie

国家

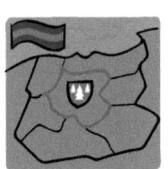

staat

国家

wijzerplaat

钟面

uurwijzer

时针

minutenwijzer

分针

secondewijzer

秒针

Hoe laat is het?

现在几点？

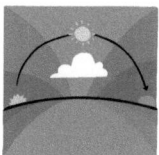

dag

天

tijd

时间

nu

现在

digitaal horloge

电子表

minuut

分

uur

时

week
周

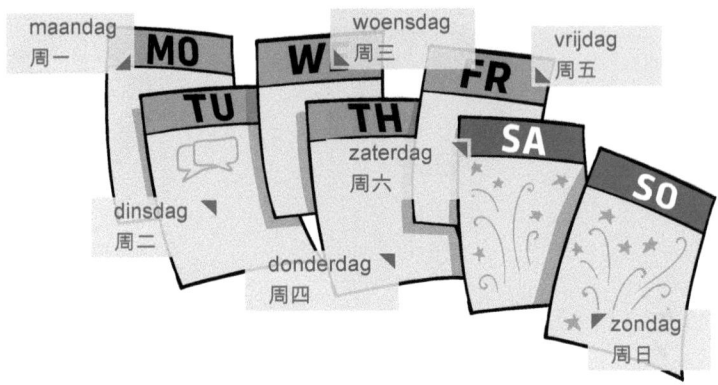

maandag
周一

woensdag
周三

vrijdag
周五

MO

W

FR

TU

TH

SA

SO

dinsdag
周二

zaterdag
周六

donderdag
周四

zondag
周日

gisteren
....
昨天

vandaag
....
今天

morgen
....
明天

ochtend
....
早晨

middag
....
中午

avond
....
晚上

werkdagen
....
工作日

weekend
....
周末

regen
雨

regenboog
▶彩虹

▼wind
风

sneeuw▶
雪

voorjaar
春

zomer
夏

herfst
▼秋

winter
冬

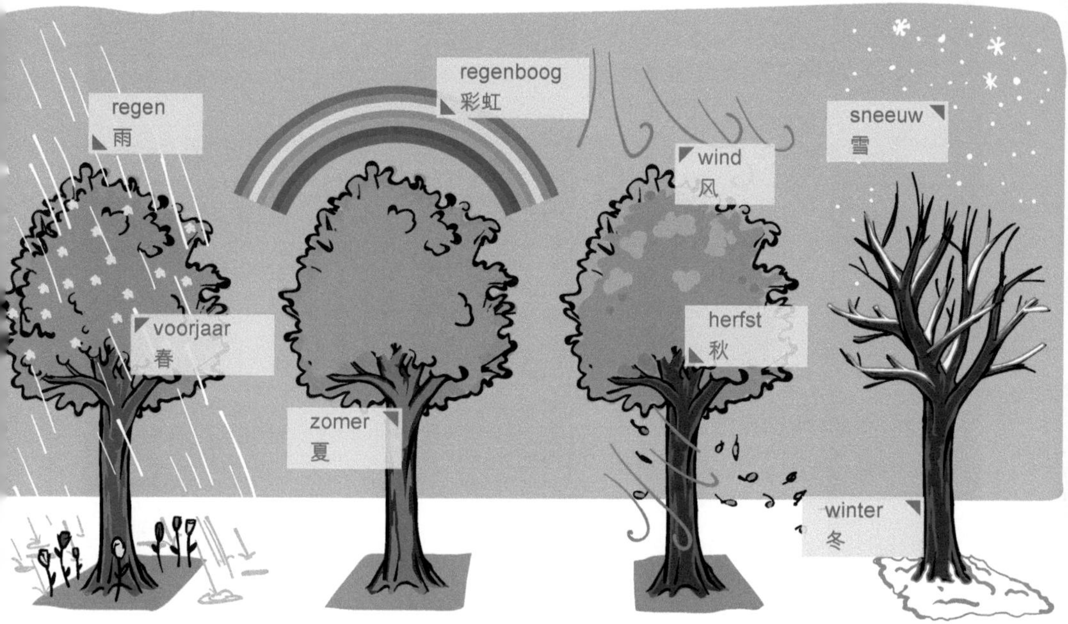

weerbericht

天气预报

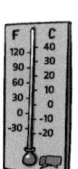

thermometer

温度计

zonneschijn

阳光

wolk

云

mist

雾

luchtvochtigheid

潮湿

bliksem

闪电

donder

打雷

storm

风暴

hagel

冰雹

moesson

季风

overstroming

洪水

ijs

冰

januari

一月

februari

二月

maart

三月

april

四月

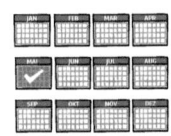

mei

五月

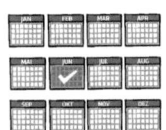

juni

六月

juli

七月

augustus

八月

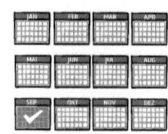

september

九月

oktober

十月

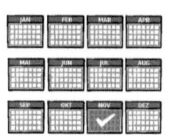

november

十一月

december

十二月

vormen

形状

cirkel

圆形

vierkant

正方形

rechthoek

长方形

driehoek

三角形

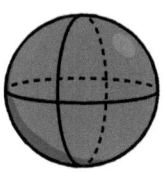

bol

球体

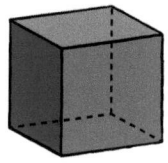

kubus

立方体

wit
....
白

geel
....
黄

oranje
....
橙

roze
....
粉

rood
....
红

paars
....
紫

blauw
....
蓝

groen
....
绿

bruin
....
棕

grijs
....
灰

zwart
....
黑

veel / weinig

很多/少许

boos / rustig

生气/平静

mooi / lelijk

美/丑

begin / einde

首/尾

groot / klein

大/小

licht / donker

明/暗

broer / zus

兄弟/姐妹

schoon / vies

干净/肮脏

volledig / onvolledig

完整/缺失

dag/ nacht

白天/晚上

dood / levend

死/生

breed / smal

宽/窄

eetbaar / oneetbaar

可食用/非食用

gemeen / aardig

邪恶/善良

opgewonden / verveeld

兴奋/无聊

dik / dun

胖/瘦

eerste / laatste

第一/最后

vriend / vijand

朋友/敌人

vol / leeg

满/空

hard / zacht

硬/软

zwaar / licht

重/轻

honger / dorst

饿/渴

ziek / gezond

生病/健康

illegaal / legaal

非法/合法

intelligent / dom

聪明/愚笨

links / rechts

左/右

dichtbij / ver

近/远

nieuw / gebruikt

新/旧

niets / iets

没有/有些

oud / jong

老/幼

aan / uit

开/关

open / gesloten

打开/合上

zacht / luid

安静/吵闹

rijk / arm

富/穷

goed / fout

对/错

ruw / glad

粗糙/光滑

verdrietig / gelukkig

伤心/高兴

kort / lang

短/长

langzaam / snel

慢/快

nat / droog

湿/干

warm / koel

温暖/凉爽

oorlog / vrede

战争/和平

0

nul

零

1

één

一

2

twee

二

3

drie

三

4

vier

四

5

vijf

五

6

zes

六

7

zeven

七

8

acht

八

9

negen

九

10

tien

十

11

elf

十一

12
twaalf
十二

13
dertien
十三

14
veertien
十四

15
vijftien
十五

16
zestien
十六

17
zeventien
十七

18
achttien
十八

19
negentien
十九

20
twintig
二十

100
honderd
百

1.000
duizend
千

1.000.000
miljoen
百万

Engels

英语

Amerikaans Engels

美式英语

Chinees Mandarijn

普通话

Hindi

印地语

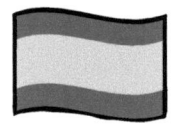

Spaans

西班牙语

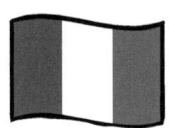

Frans

法语

Arabisch

阿拉伯语

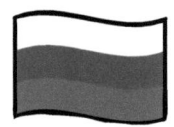

Russisch

俄语

Portugees

葡萄牙语

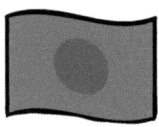

Bengalees

孟加拉语

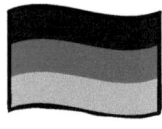

Duits

德语

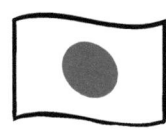

Japans

日语

ik

我

jij

你

hij / zij / het

他/她/它

wij

我们

jullie

你们

zij

他们

wie?

谁？

wat?

什么？

hoe?

怎样？

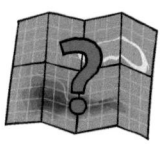

waar?

哪里？

wanneer?

什么时候？

naam

名字

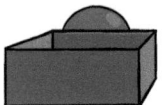

achter

后面

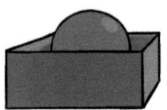

in

里面

voor

前面

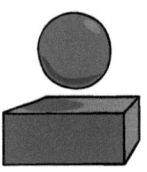

boven

上方

op

上面

onder

下面

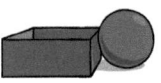

naast

旁边

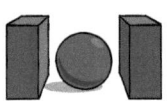

tussen

中间

plaats

地点